Fritz Blümel

1914

Tagebuch

Bibliografische Information der Deutschen Nationalbibliothek:
Die Deutsche Nationalbibliothek verzeichnet diese Publikation in der Deutschen Nationalbibliografie; detaillierte bibliografische Daten sind im Internet über http://dnb.dnb.de abrufbar.

Illustration:
Übersetzung: **Carola Seyffarth**
weitere Mitwirkende: **Michael Klitz**

Herstellung und Verlag:
BoD – Books on Demand, Norderstedt
ISBN 978-3-7357-4164-6

Das Tagebuch unseres Großvaters / Urgroßvaters / Ur-
urgroßvaters habe ich aus dem Sütterlin „übersetzt".
Da viele der Texte in Eile und sehr unleserlich geschrieben wurden, war es mir oft nicht möglich jedes Wort zu
entschlüsseln. Die fehlenden Worte ersetzen Punkte.
Alle Worte sind so wiedergegeben wie er sie, falsch
oder richtig, niedergeschrieben hat.

Trotz Unvollständigkeit der Texte werden seine Gedanken, Gefühle und das Leben im ersten Weltkrieg
sehr ergreifend geschildert.

Carola

-

Fritz Blümel Charlottenburg
Knobelsdorfstrasse 48

12.II.15
der 2. Februar
Es ist Winternacht.
Silbern funkeln am Himmel die Sterne
in seltener Tracht.
Glitzert der Schnee wie Bergkristall.
Ein fernes Donnern rollt über den Wall.
Wie dumpfes grollen. In weiter Ferne
tobt die Schlacht.

Hin und wieder
leuchtende Strahlen die Luft durchdringen.
Auf und nieder
schreitet der Posten mit schwerem Schritt.
Als von dem Turm die Glocke schlug, glitt
durch die Nacht ein Staunen und Singen
wie Heimatlieder.

Übers Gewehr
senkt er das Haupt den Tönen zu lauschen.
Tief und schwer säufst er,
denkt er an die Heimat zurück.
Denkt an all das entschwundene Glück.
Hört im Forste die Kiefern rauschen,
hin und her.

S´war Wintertag.
Ein Jubeln und Lachen klang vom Eise.
Wie ein Spiegel lag
hinterm Schloß die gefrorene Bucht
und durch die schneeschweren Wolken
sucht der Wind zu dringen.

Heimlich und leise
sank der Tag.

Schneeflocken
treiben mit munteren Jagen.
Blond goldene Locken
tingeln sich hold um ein liebes Gesicht.
Zwei trübe Augen. Horch jemand spricht!
Halt! Ablösung vor! Vom Turm schlagen
die Glocken.

..... am 13.3.1915
Endlich die erlösende Nachicht.15 Mann zum 3. Reserve Battalion. Einjährige und Freiwillige dürfen mit ins Feld. Zum Glück kann ich mit. Ich bin voll Glück und doch voll Wagemut, voll Glück weil es nun endlich an den Feind geht und Wagemut mischt sich dazwischen, wenn ich an all die Lieben daheim denke, denen diese Nachricht wohl ein Schmerz sein wird, die mir Erlösung gibt.

14.III.1915
Zum Abschluss noch das Herrliche, eine Kirchenparade der Garnison Kronenberg. Mit Musik zur Kirche und im Anschluss an die Predigt, Abendmahl. Doch ein herrlicher Abschied von dem Lieben Kronenburg. Leider brachte der Nachmittag noch wieder einmal einen bösen Gegensatz. Unserem Feldwebel Beil waren wir natürlich nicht gut genug geputzt und so mussten wir natürlich doppelt antreten. Wir sollten ihn wahrscheinlich in guten Andenken behalten.

Die letzten Briefe sind geschrieben nun kann es losgehen. Dem lieben Vater wird's wohl am ärgsten sein. Er wird den Schmerz verhalten und meiner lieben Mutter wird's wohl auch manchmal eine heimliche Träne kosten. Und doch weiß ich ihr seid rechte Deutsche und fühlt wie euer Junge, das wir nicht mehr warten können, bis das alle Feinde, bis auf den letzten Mann, zu unseren Füßen liegen und unser großes Vaterland als Sieger ihnen den Fuß auf den Nacken setzt, das ihnen das atmen für lange Zeit schwer wird. Atmen wird das Germanentum, in seiner Blüte erstrahlen und die Welt wird uns als die berufenen Pioniere der Kultur anerkennen. Nur du mein Liebling du wirst am meisten fühlen müssen. Für dich ist´s der Geliebte den du opfern sollst. Du fühlst gewiß auch die Notwendigkeit und klagest nicht. Und auch die Liebste spricht so stark wenn es Abschied nehmen heißt. Du wußtest mich bis jetzt geborgen im treuen Vaterland. Nun geht's hinaus ins Ungewisse und mein Schicksal ist dein Schicksal. Du warst`s gewohnt mich fern zu wissen und bautest fest auf meine Treue, doch nun kennst du die Gefahr ganz und du weißt mich stets umringt von Feind und Tod und schreckst zusammen wenn die Glocke geht. Ist Nachricht aus dem Feld erfreulich? Ja, er lebt und ist gesund und war dabei wie sie ihn jagten, diesen Feind. Doch inneres Zagen drängt sich an das arme Herz, du bist noch jung, und´s Leiden hast du wenig gekostet. Du warst umhegt von treuen Händen. Neu sind dir die Sorgen! Sei stark mein tapferes Mädel. Nun hab ich nur den einen Wunsch, dass es bald losgeht.

15.V.15
Ins Feld
Schnee und Regen schönes Wetter gabs nie
zwischen Mauern das Wort verklang
es war ein kleiner Hof zum Parolenempfang
Nun die 2. Ersatzbatterie
Mit leiernder Stimme aus rauher Kehle
verlaß der Feldwebel Batteriehausbefehle
„Freiwilliger vor! Einjährige mit! -
So wie´s uns durch die Seele schnitt.
" Fünfzehn Kanoniere mit fürs Feld
wurden von der 2. Batterie gestellt
und wir durften mit."-------

Hell auf schlug das Herze und es wogte die Brust.
In den Augen ein Leuchten von Freude und Lust
dann ein Stürmen, Bitten, Drängen und Quälen.
Herr Leutnant ich will mit, ich darf nicht fehlen!

Wir haben´s erreicht, wir durften mit raus.
Hinaus zu Schrapnell und Granatengebraus.
Uns fließt in den Adern Germanenblut,
drum haben wir eine unbändige Wut.

Dem Kaiser schwören wir in die Hand
und all den Lieben im Heimatland.
Wir wollen nicht lassen von unserem Haß.
Dem heiligen Haß bis das Erde und Gras,
die sterblichen Reste der Leiber decken,
folgen euch gern ihr stolzen Recken.
Die ihr dem Vaterland mit dem Blute gedient,
bis das an dem Feind die Schmach gesühnt.

Wir wollen nicht eher die Heimat sehn,
bis das Deutschlands Ehre wird rein da stehn

15.V.1915
Unsere Vermutung heute schon eingekleidet zu werden, bestätigte sich leider nicht. Wir mußten noch mit in die Batterie nach ...schäf......heim daselbst unter Führung von Feldwebel Beil, Erklärung des Schußfeldes. Was mich nun weniger interessierte, nachdem ich ins Feld gehe. Nachmittags 4.15 Uhr Stiefelappell mit Schnürschuh. Natürlich alle Feldwebel beschäftigt, so dass der Appell durch den Kammerunteroffizier abgehalten wurde.

16.V.15
dauernde .... , zum kotzen

17.V.15
der Dienst ist immer öder

18.V.15
Der Tag beginnt wie üblich mit langsam Schritt machen und Grüßen. Ein großes Ereignis machte den Vormittag zu einem bedeutenden Zeitabschnitt. Wir gerieten plötzlich mitten in den Ernst des Krieges. Beim Spazieren hörten wir ungefähr um 10 Uhr plötzlich scharfe Schüsse die von Mutzig herüber tönten. Gespannt waren alle Blicke nach dem Himmel gerichtet. Denn es konnte sich nur um einen feindlichen Flieger handeln. „ Ein Ballon" schrie plötzlich einer auf und in 500 m Höhe zog ein Ballon gerade auf uns zu. Nun knallte es von allen Ecken. Von den Felde her brüllten die Geschütze. Feuerschein und kleine Wölkchen

zeigten das Platzen des Schrappnells. Immer näher kommen die Brennpunkte der Ballonhülle. Jeden Augenblick hofften wir, der Nächste müßte sitzen. Da plötzlich schoß der Ballon fast senkrecht in die Höhe und war bald außer Sichtweite der Geschütze. Nun begannen auch die Kanonen vom ...yon her ihr singen. Alles zu kurz und man gibt das Schießen auf. Von den Wällen knatterten noch die Maschinengewehre, bis auch diese vergeblichen Feuer aufgaben. Darauf schraubte sich ein Ch.inde..ter (?) in gewaltiger Spirale in die Höhe, verlor aber den Ballon, der in den nur schwach bewölkten Himmel beinahe verschwand aus den Augen und gab die Jagd auf. Ein Rätsel war allen gestellt. Was beabsichtige man mit einem Freiballon dessen Schicksal doch klar auf der Hand liegen müßte? Wir konnten uns das nur erklären, dass sich ein französischer Beobachtungsballon von seinem Haltetau abgerissen hat und nun seinem Schicksal entgegen flog. Wir suchten während dieses Ereignisses Deckung unter dem Kronenligerator (?). Wüsste man doch nicht, ob Bomben unser Straßburg begrüßen würden. Doch konnten wir uns nicht enthalten dem herrlichen Schauspiel zuzusehen.

19.V.15
Unsere Hoffnung aufs Fortkommen ist gesunken. 12 Feldp...ue von Munzig machen den Sieg streitig. Ein Sturm auf den Feldwebel verlief ergebnislos. Zum gestrigen Ereignis verbreitete sich das Gerücht das ein feindlicher Ballon in der Nähe von Munzig runter gegangen sei. Die feindlichen Offiziere ließen aber den Ballon fliegen. Sie selbst sind gefangen gesetzt. Wieweit dieses wahr ist muß die Zeit lehren. Die Zeitungen hüllen sich in tiefes Schweigen.

21.III.15

Frühlingsanfang, ein herrlicher Frühlingstag. Ich sehne mich nach meinem schönen Garten. Betätige mich als Gärtner, indem ich Rosen beschneide. Die Welt wird schöner mit jedem Tag. Der Himmel ein weites, lichtes, blaues Meer. Kein Wölkchen trübt die klare Luft. Ein herrliches Wetter zum spazieren gehen und doch sitze ich hier in meiner Klause und schreibe Briefe und bringe es doch nur auf 2. Ein schöner ....endschoppen findet uns in der ..... zusammen sitzen und ich merke das mein Geld ganz furchtbar zusammen schrumpft nachdem ich mir noch eine Hausapotheke angelegt habe. Ein Päckchen mit Wurst und Tabakwaren von der Liebsten erfreut ein Kanonierherz.

22.3.15
... schützen IV
...3230
Granaten!
6. Ladung 5100 +80
Feuer... auf 3 mit 5
Schuss 5500 2.F.
Schuss 5800 3.F.
Schuss 2250
...

Eine ganz blödsinnige Schießerei.
Weil Plan liegt nicht drin.

22.V.15 abends
Bei dem herrlichen Wetter ward einem jede Minute des stumpfsinnigen Dienstes zur unerträglichen Ewigkeit. Turnen und Turnspiele nachmittags bestehen nach Ansicht N.F. in Freiübungen: Kniebeugen, Armstrecken

Bemk. Anspannung, Klimmzüge, Dreisprung und Hüften-
sprung durch 2 M wird meine ... wieder ins Gleichgewicht gebracht.

26.III.15
Abends beim Appell 7 Mann zum 1. Linienbataillon (?). Mit
dabei und gleich darauf nach einem Abschiedsschoppen genommen.
Heut begrüßte uns noch ein feindlicher Flieger, der nachdem
er Straßburg mit 13 Bomben belegte und verschwand dann im
südlicher Richtung.

27.III.15
7.30   Uhr Einkleidung
2.30 Uhr Antreten   5 Uhr   Abmarsch nach dem Bahnhof.
Fahrt in die Argonnen.6.02 Uhr
....., Dettweiler, Labern, Saarburg, Metz. 4.00 Uhr ......
In Metz mehrere Stunden Aufenthalt. Kaffe und Brot mit
Fassbutter. Die Nacht hatten wir eine ... Es dunkelte bereits als
wir die Vogesen erreichten. Seitwärts stiegen die Berge immer
höher, gespensterhaft streckten die Tannen ihre kahlen Äste in
die Luft. Dann steigend geht es ins Gebirge bis Saarburg. Ab und
zu müssen wir die Fenster schließen, denn wir fahren durch
einen Tunnel. Denn der eindringende Rauch verbreitet einen
fürchterlichen Gestank. Bei Saarburg ist es stockfinstere Nacht
und doch will einer die Steine zerschossener Häuser erkennen.
Nun geht es wieder bergab in das lothringische Land hinein nach
Metz. Das Land wird ebener, nur ein .....zug zieht sich als ein
schwarzer Strich am Horizont hin. Jetzt sehen wir die schönste
Bruchlandschaft. Wiesen an Wiesen getrennt durch Wassergrä-

ben und oft auch überschwemmt liegen zu beiden Seiten der Bach. Gestützte Weiden bilden die einzigen markanten Punkte in der gleichförmigen Ebene. Die Hügel ......den einzelner. Aus dem dunkel tauchen Schützengräben und Batteriestellungen auf. Wir nähren uns Metz und befinden uns in der Nähe des grossen Schlachtfeldes des Kronprinzen von Bayern. Punkt 4 Uhr fahren wir in die Bahnhofshalle ein. Hier wird nun erst Kaffe getrunken. 3stunden soll sich der Aufenthalt ausdehnen. Langsam graut der Tag und wir liegen noch fest in der Bahnhofshalle von Metz. Ein Lazarettzug läuft ein. Er kommt von der Front, gefüllt mit Infanterie.Eiligstennen Schrittes bringen zwei Krankenträger einen Schwerverletzten. Ein Kopfschuss wie der Verband nachweisst. Das linke Auge schien am meisten gelitten zu haben.frisches Blut zeigte das eine frische Blutung eingetreten war. Wahrscheinlich war der arme Kerl nicht mehr transportfähig, so das man ihn hier liess. Die Nähe des Kriegsschauplatzes tritt uns greifbar vor Augen.

rg1.30 Der Zug Metz in Richtung Wiedenhafen. Bald nach Metz überfahren wir die fest verrammelte Havelbrücke. Ein niedriger Höhenzug begleitet uns durch die Berge, der bald darauf zu einem grossen Bergrücken anwächst. ......zeigt sich ein Koppelhaus durch die Bäume. .....zu Füßen der tiefe .....Ein einsamer Gutshof liegt in einem Gehölz, verwüstet umgeben von einer starken Mauer. Drei Einzelgräber mitten im grün der Fichten, geschmückt mit einem weißen Holzkreuz. Der Rasen der darauf wuchert zeigt an, das es alte Kriegsgräber sind. Wir befinden uns wahrscheinlich im Schlachtfeld 1871. Die Unglücklichen Helden ruhen wo sie gefallen, denn weiter sind keine Gräber zu sehen. Einsam liegt ein Kirchhof wie eine natürliche Festung an der Landstraße.

Maizieres

Wir kommen ins Erzgebiet, was wir an den Hochöfen erkennen. Sichtbar kommen wir ins Schlachtgebiet, denn rechts von
dem.....hat eine Granate in ein Haus eingeschlagen.das selbe ist
mit Sandsäcken verbarrikadiert.

........Fabrikstadt

....Terrazo

....Reutersberg...ebene........mit.........leichte

Diedenhofen 8.15Uhr Fabrikstadt...Festung die Festungsmau-
ern scheinen auf dem umliegenden höher zu liegen.

Abfahrt 9.44Uhr Jetzt gehts über die Grenze Richtung Sedan

Floritingen

In der tiefe des Gebirges gelegenen Kurlandschaften. Guts-
schloß herrlich gelegen. Wir fahren in ein Tal durch das Gebirge.
Gewaltige Gebirge kennzeichnen die .....Industrie. Eins.....

Hayingen

Kenzingen Fabrikstadt

versteckt sich....im.....Tal. Kirchhof zum Bergabhang gelegen,
wunderbare Landschaft. Bevölkerung begrüßt uns begeistert.
(Deutschland hoch....)

Fentsitz (?)

Der letzte Halt auf deutschem Boden 2km vor der Grenze.
Der letzte Blick auf das Vaterland wurde uns zuteil. 6km Fahrt.
Stop an der Grenze, die ersten Militärkolonnen. 11.20 Uhr über
die Grenze(Deutschland über alles).........der ersten französi-
schen Stadt. Die ersten Trümmer in Sicht. Kein....... deutscher
Soldaten. Nun Deutscher Hurra die Inschrift am ersten
Grenz.....die.....in einem Wagen.

Amdem le roman ......dorf

Durch Verrat des französischen......wurde das Regiment fest
aufgerieben. Sie mußten es räumen und das Dorf wurde in Brand
geschossen. Die Kirche ist schon wieder eingedeckt um das Ge-
wölbe vor dem Einsturz zu schützen. Das Dorf ist ein einziger

Trümmerhaufen. So schießt deutsche Atillerie! Schlicht und doch geschmückt liegen links und rechts der ....frische Gräber auf. Mitten im Walde eine .....,dicht dabei treffen wir die ersten französischen Kinder. Den Blick lassen sie sinken. Ob wohl ihre Gedanken schon das...fassen können, das über ihr Vaterland herein gebrochen ist? Die Gegend ist öde...........werk. Ab und zu eine zerschossene Fabrik. Überall dazwischen einzelne Wirkung von Granaten.

Charenzy

Die Gegend wird fruchtbarer. Wiesen und sanfte Hügel, riesige Bäume breiten sich aus. Der Krieg hat die Täler verschont. ....liegen die Dörfer in der Talmulde.

Blink(?)

Wie gewaschen ragen die Dörfer hervor. Auf saftigen Wiesen weiden die Kühe wie im Frieden. Die einzelnen Wiesen sind voneinander durch Hecken abgegrenzt. Welch ein Unterschied gegen das Schlachtfeld. Und doch sind......... die Bewohner echte Franzosen. Das mußte unser lieber Freund bemerken. Als er einer Französin zu winkte kehrte sie ihm stolz das Hinterteil zu.

Herrlich am Berg liegt Montigny F.

Vom Kriege ist es verschont geblieben. Heute war......was man an der Stimmung in vom Eisenbahnwagon sieht. Wie auf einer Wanderfahrt fühle ich mich, dabei gehts in Feld zu Kampf und Tot. Der Gedanke verschwindet in all dem Erwachen des Frühlings. (Die Stadt war stark befestigt ist aber nach Sprengung des Eisenbahntunnels ge... worden) Rechts von der Stadt ein deutsches Zeltlager. Deutsche Sch..... pflegen deutsche......

Ein reißender Bach begleitet uns weiter, der an vielen Stellen durch einen kleinen Wasserfall etwas romantischer wird, bis......Talbett uns mit trägeren Füßen begleitet.

Lamonlly

18

In der Nähe wahrscheinlich ein .....dorf in Grund und Boden geschossen, samt der Kirche. Bewohner sind natürlich nicht zu sehen. Deutsche Kavallerie umstellt die verlassenen Acker, in der brennenden....Sie es sind als wenn es den eigenen Acker zu bestellen. Deckung, ihr Pioniere deutscher Kultur.

Bazailles(?)

Mauerbrücken gesprengt, Holz......von Pionieren hergestellt. Nun führt die Eisenbahn dauernd an der.....entlang. .....auch schon an der nächsten Biegung.

Sedan, lang streckt es sich an den Hügeln hin. Ein herrliche....Stadt.....dessen Befestigungswerke deutlich hervortreten. Alle .....brücken sind gesprengt und die Hauptsächlichen wieder hergestellt. Von einem Kampf ist wenig zu sehen. Ein Haus am ....hof zeigt Spuren eines Brandes. Inder Stadt .....die starken Mauern der Zitadelle hervor. Sie ist scheinbar kampflos geräumt worden........der Stadt verlassen wieder Menz(?) und kommen in ....heres Gelände.

Domkery(?)

Wir kommen wieder in eine ...zone....zusammengeschossen. Grabkreuze vereinzelt auf Wiesen und Feldern erinnern uns an die ......der Friedhof zeigt noch die Schießscharten und die Spuren des Kampfes. Bald befinden wir uns wieder an den Ufern des Ma.....Überall zeigt sich die ......Pioniere im Brückenbau.

Mahon ....

1.15Uhr Ankunft Hatze Hehery

Nun wird noch bis zum Morgengrauen ausgeruht, dann gehts mit gepackten Affen hinauf zum Ort. Hier ist das Batallionsgeschäftszimmer. Hier begegnet uns der erste Trupp französischer Gefangener, dem bald ein zweiter folgt. Beide scheinen zum Arbeiten verwendet zu werden. Nach dem man mich der 3.Batterie zugeteilt hat gehts unter der Führung eines Gefreiten zur Batterie. Wir kommen nach Apremont und sind ....trifft der Befehl, sind zu bleiben, denn die Batterie geht zurück von Montbaurille nachdem der Ort von französischen unter Feuer genommen wurde, war nun fast vollständig zerstört. Nun legte die Batterie .....an und es gab viel einzurichten. Fabrik in kurzer Zeit zum Pferdestall eingerichtet, Schreibstube hergestellt. Von ....tieren ist natürlich nicht zu denken. Wir machen es uns in einem Boden....bequem so gut es geht. Früher mögen ganz nette Zimmerchen oben gewesen sein. Der Krieg hat die Zwischenwände ins Feuer wandern lassen, so das ein gewaltiger Raum entstanden ist. Die alten Krieger haben natürlich ihre Betten mitgebracht. .....sie kommen........haben auch irgendwo Stroh entdeckt, das sie mitwandern ließen. Wir sind wahrscheinlich noch zu ehrlich, drum müssen wir......auf vorzählen o. zeigen.

29III15Aus Zeltbahnen und Decken habe ich uns ein ganz nettes Lager hergestellt. Wir sollten aber bald merken, dass wir uns verrechnet hatten, denn diese Nacht im vollen Anzug schlief ich ganz miserabel. Die Nacht war ungeheuer kalt und mich fror ganz fürchterlich. Denn durch alle Lucken pfiff der Wind. Hoffendlich bekommen wir für die nächste Nacht Stroh. Gestern Abend wurden wir teilweise schon eingeteilt, darunter auch ich. Mich frug man nach meinem Beruf, und ich bekam die Stelle eines Befehlsüberbringers in der Batterie. Heute früh schon sollte ich die Feuertaufe erhalten. Leider wurde der Befehl aber heute Morgen zurückgezogen. Wir drückten uns nun so gut wir konnten im Dorf herum, um nicht aufzufallen, denn Arbeit hatte man für uns immer. Ich besah mir das zerstörte Dorf und untersuchte die Zigeunerwohnungen der Soldaten. Die Kirche ist bis auf wenige Treffer durch Schrappnellsplitter unverletzt. In der selben war gerade eine Morgenandacht(kath.). Die Krieger drängten sich ihre letzten Gebete zu der Jungfrau zu bringen. An der Kirche ist ein Friedhof eingerichtet. Mehrere hundert Krieger ruhen hier in Massengräbern. Schlichte Holzkreuze von denen einzelne sogar von künstlerischen Geschmack zeugen, geben die Anzahl, manchmal auch den Namen an. Sie sind die glücklichen die hier ruhen. Ihre gefallenen Brüder an der Front liegen meist unbegraben. Oft reißen auch die .....die Gräber wieder auf, die man ihnen unter eigener Lebensgefahr gegraben. Ein feindlicher Flieger beabsichtigt uns einen Besuch zu machen, kehrt aber sofort um, als unten Kanonen ihn befunken. Ich treffe in einem zerschossenen Haus auf einem Hügel zwei Jnfanteristen. Sie gehen heute Abend wieder in den Graben. An ihrem eisernen Blick sehen wir, dass sie den Tod nicht fürchten, und doch schütteln sie sich bei dem Gedanken wieder in den Graben zu müssen. Ungeheuer sind ihre Verluste nach den Berichten. Und alle die wir hier als alte Krieger treffen sind meist die einzigsten die der Tod von ihrer Kompanie verschont hat. Man kommt immer mehr zu den Eindruck Deutschlands Jugend opfert sich hier auf dem Schlachtfeld. Und noch banger fragt man sich, was bringt die Zukunft für all die großen Opfer? Doch immer wieder wollen wir geduldig warten, dem in keiner Stell......sich unsere Leute besiegt. Solange sie selbst noch eigenes empfinden haben, solange ist der Sieg gewiss.

Mittags Graupen mit Speck brachte uns die Feldküche, ein wunderbares Essen, wenn wir nicht vergessen wollen, das in den Gräben die Kameraden verhungern, weil keiner Essen holen will. Denn die Franzosen beschießen jeden einzelnen Mann, der sich in dem Feuerbereich ihrer Geschütze befindet. Sie entbieten uns augenblicklich ihren Mittagsgruß. Denn die Luft dröhnt von ihren schweren Geschützen. Besonders von Vandom (?) herüber hören wir schießen. Dort wird noch immer am hartnäckigsten um jeden einzelnen Meter Schützengraben gekämpft.

1.April 15 mittags

3 Tage sind wieder vergangen und noch immer haben wir die Feuertaufe nicht erhalten. Alle Tage glaubten wir schon in die

Batterie zu kommen. Denn die Ablösungszeit ist schon längst vorbei. Wir machen nun hier Arbeitsdienste. Sie richten sich hier häuslich ein die ......wohl noch lange hier sitzen. Wahrscheinlich bis zu Frieden. Ich hoffe dass es noch einmal vorwärts geht. Gestern haben wir ein einstündiges Quartier bekommen. Die ganze Batterie ist in einem Haus mit drei Zimmern untergebracht. Eine anständige Pritsche mit Strohsack dient uns als Lager. Gestern Abend nun mußte ich meine erste Wache schieben. Es war unangenehm. Denn es war scheußlich kalt und an schlafen war in diesem zugigen Stall überhaupt nicht zu denken. Ich vertreib mir nun die Zeit indem ich meine Stiefel ins Feuer halte. Sonst leben wir hier urgemütlich und kameradschaftlich wie nirgends sonst. Was uns die Sehnsucht nach der Heimat vergessen lässt. Furcht kennt keiner obwohl uns alle Tage der Tod treffen kann. Wir sind eben Deutsche! Die Wache bringt mir einen freien Tag an dem ich mich sonnen kann. (Einen Flieger runter geholt)

2.4.15

Vor der Arbeit haben wir uns heute gedrückt und dafür nachmittags einen Spaziergang nach dem Wald gemacht. Schon auf der Wiese fanden wir Zeichen des Krieges. Ein ......,Granatenlöcher, verrecktes Vieh ....,was schon zum groß teil verfault war. Wir kommen in die Nähe des Waldes und sehen die Zeichen des Kampfes. In einer Waldecke ist scheinbar Feldatillerie aufgefahren gewesen, das Ganze ist voll von zerfallenen Geschoßunterständen. Die Geschoßkörbe liegen in Massen mit Kartuschenhülsen gefüllt. Nicht weit davon ein Pionergrab, geschmückt mit einem schlichten Birkenkreuz und einem französischen Offizierssäbel. Das Grab auf einsamer Heide. Eine herrlichere Gegend konnte sich der brave Pioniersunteroffizier nicht wählen. Wahrscheinlich traf ihn auf einem Latrinengang eine Kugel aus dem Dickicht. Von V.... sehen wir am Horizont noch einige Mauerreste. Die Gegend konnten wir bewundern.

4.4.15 9.....
Seit gestern mittag regnet es ununterbrochen, haben deshalb unsere Gartenarbeit eingestellt. Heute ist Ostern. Da wird wohl in der Heimat den kleinen von dem Osterhasen erzählen. Ob er dies Jahr wohl Eier legen wird? Für uns hat er die schönsten Ostergrüße. Granaten und Schrapnell legt uns der Osterhase. Vom Kanonendonner allerdings hört man nicht viel. Man scheint auch in den Schützengräben Ostern zu feiern. Ein Regiment rückt mit Musik nach dem Schützengraben. Noch keine Post von zu Hause. Wir vertreiben uns die Zeit mit Kartenspielen. Vorgestern Abend haben wir stundenlang von Cöpenick geschwärmt. Einen alten Cöpenicker habe ich hier aufgegriffen. Ein herzensguter Kamerad, und wir haben....... gemeinsame Erinnerungen. Wenigstens eine liebe Unterhaltung.

abends 8Uhr
Heute Nachmittag hatten wir Fußgottesdienst. Der Pfarrer gab sich alle Mühe eine ....Predigt zu halten, ohne den Vergleich mit der Gegenwart irgendwie zu berühren. (Ich lebe und ihr sollt auch leben) Jesaia
Und am unangenehmsten berührte es mich als 3 Unteroffiziere die Bemerkung machten das sie sich nicht erbaut fühlten und ich sah es ihren Gesichtern an, das es ihnen ....war. Ich fühlte mich auch nicht gerade tief erbaut, schade um das schöne Osterfest. Heute Abend bin ich nun zur ersten Geschützbedienung eingeteilt. Morgen geht es in den Wald.

6.IV15
Gestern Vormittag ging es nun in die Batterie. Nur ein Geschütz feuert. Nur einzelne Schüsse werden abgegeben. Beim .....kommen die ersten Granaten in unsere Nähe. Wir fürchteten uns in dem Unterstand. Gewaltige Stämme liegen

über uns, gegen Schrapnell zu schützen. Wie wenig Schutz die 3/4 starken Stämme bieten, das sollten wir heute Morgen erfahren. Ein Volltreffer schlug in den 2. Unterstand und verschüttete sämtliche Insassen. Einige konnten sich noch heraus..... durch eine Lücke die die Granate gerissen hatte. Die Selben retteten sich in unseren Unterstand. Zwei davon hatten die Geistesgegenwart die anderen heraus zu graben. Ein Schwerverwundeter wurde dadurch gerettet. Von dem Kameraden Geipel konnten wir nur noch den Leichnam bergen. Er wurde nach dem Friedhof geschafft und beigesetzt. Für uns bleibt nun die Aufgabe den Unterstand wieder neu zu bauen. Tief erschüttert drängten wir uns nun in dem ersten Unterstand zusammen. So konnte man deutlich sehen wie der Tod selbst auf die Verwegensten wirkt. Ich hätte so gern heute eine Nachricht von zu Hause erhalten aber die Post brachte mir nichts.

abends 8Uhr

Heute Nachmittag reichliche Schießerei, voll Freude ließ man die Dinger sausen...........

...... als sich Schrapnells verdächtig nährten, wurde ich doch etwas unmutig und kroch eiligst in den Unterstand. Das ganze Dasein ist nur ein Springen und Bangen zwischen Leben und Tod. Und dabei schwindet das Heil des Krieges immer mehr, zumal ....Seiten der Herren Obergefreiten der selbe Komandoton herrscht, und doch wissen sie das sie jeden Augenblick hinscheiden können. Und so bereitet dieser Ort immer ein Übel, gegenüber der ausgezeichneten Kameradschaft zwischen den anderen.

7.IV15 abends

Der Tag verlief ruhig, wir haben bis jetzt noch nicht geschossen. Haben aber am Abend wieder ....müssen. 3 Granaten schlugen dicht bei uns ein ohne Schaden anzurichten. Ersatz haben wir bekommen und zum Abend noch 5 Mann Einquartierung. Wir schlafen nun natürlich schichtweise.

8.4.15 abends
Den ganzen Tag geschuftet. Geschossen nicht. Letzte Nacht hat die ganze Bude die Scheißerei gekriegt. Ich habe natürlich das meiste davon abgekriegt. Die Kameradschaft ist gerade nicht gut zu nennen, weil wir .....Obergefreiten als Zug verwendet werden wozu wir natürlich nicht stille sind.

11.4.15
Der Obergefreite ist abgelöst. Nun sehen wir ganz deutlich woran es lag, das die Kameradschaftlichkeit so litt. Jetzt ist gerade das Gegenteil der Fall. Wir leben wie Brüder. ....mich jeder gern und fragt nicht ob er mehr schafft wie der andere. ......unheimliche Stille herrscht an der ganzen Front. Wir haben fast drei Tage nicht geschossen. Sonst .....sie uns von Zeit zu Zeit mit Schrapnell, wogegen uns unsere Unterstände schützen. Wir sind gerade dabei unsere Unterstände noch zu verstärken. Ob sie nun fester sind das bleibt dem Schicksal überlassen. Das Schönste bei dem Soldatenleben ist das die Post aus der Heimat endlich kommt.

13.4.15 morgens
Gestern war herrliches Frühlingswetter. Wir haben das natürlich dazu benutzt, uns auf unserer Sonnenbank an dem herrlichen Frühling zu erfreuen. Uns störte Niemand,.....haben wir nichts zu beschießen. Denn auf unserer Front herrscht eine unheimliche Stille. Vielleicht wollen sich die Franzosen von ihren letzten Stürmen wieder erholen. Das Waldleben ist geradezu friedlich zu nennen. ..... und warten geduldig auf den Frieden, denn die Friedenssehnsucht unter den Soldaten ist schon sehr groß. Es ist ja den ..... nicht zu verdenken, die nun 1/4 Jahr im Felde liegen. Aber sie klagen dennoch nicht. Denn sie ergeben sich nicht und setzen ihr ganzes Vertrauen in ihre Führer. Nun wollen wir uns wieder .....

14.4.15

Heut beim ...Weg gemacht......Auf dem Vormarsch mußte ich natürlich wieder mit meinem Berliner Stand ernennen. Bin neugierig was daraus wird. Der Abend war wieder herrlich. Wir erwarteten auf unserer......Musik den Abend....unser Cöpenicker Komandand unterhielt uns auf seiner Harmonika. Wir sangen Stimmungslieder. Es war wie eine italienische Nacht die anbrach. Die Franzosen machten die Beleuchtung mit ihren Leuchtraketen. Ein solcher Abend .....das Herz und man fühlt sich glücklich selbst in der Fremde an der Front.

16IV15

Nachts auf der Wache. Still ist die Nacht und Ruhe in der Front. Nur hin und wieder schießt ein Wachposten sei Gewehr ab, um dem Gegner zu zeigen das er noch wacht. Da schwirren denn die Querschläger mit ihren .....durch den Wald. Und der Posten stellt sich in Deckung oder flüchtet in den sicheren Unterstand. Da denkt er dann an all die Lieben daheim, wie sie sich sorgen um den Liebsten. Denkt auch an all das Sterben rings um ihn und wohl an seinen Tod. Stolz und nicht trauernd ergibt er sich seinen Gefühlen. Nicht alle mögen es ......da liegt einer auf dem Stroh. Von dem glaub ich das er nicht ganz so friedlich träumt. Ist ein Held, er ist es geworden und schade er hätte sich einen anderen Beruf wählen sollen. Seine Worte von Kampf und Tod sind leerer Schall gewesen und er ist nicht imstande mit eigener Tat zu beweisen, was er wohl seinen Kindern nicht einprägen wollte. Er huckt den ganzen Tag im Unterstand und wagt sich höchstens an den Eingang wenn er einen Flieger brummen hört. Ich wünschte er wäre stiller. Da erzählt er dann in seinem ostpreußischem Dialekt in einem fort. Nicht etwa von Kampf und Tod, sondern wie zufrieden er leben würde, wenn er im Frieden auf seinem Dörflein sitzen könnt und seinen Tabak und seine Zeitung hätte und stundenlang beklagt er sich in seinem Schicksal. Er ängstigt sich vor dem Tod (ich hörte es einen anderen sagen, er ist feige). Er macht auch keinen Hehl daraus. Am liebsten liefe er auf und davon. Erzählte da heute einer von der Tapferkeit eines Telefonisten und er .....die Bemerkung machend, er hätte.......werden wollte und wäre gelaufen. Mit welchem Hohn spricht er über das Eiserne Kreuz! Und er müsste Lehrer sein. Wenn, mag ich nur diese beklagen, aber wäre er besser Schaumschläger geworden.

17IV15 abends

Ein Unglückstag sollte heute sein. Unser ...Leutnant verunglückte beim unvorsichtigen umgehen mit einem Blindgänger. Schwer verletzt schafften wir ihn fort. Noch ...Wachtmeister riss er mit ins Unglück.

24IV15 mittags

Im herrlichen Sonnenschein liegen wir im Wald und halten unsere Mittagsruhe. Junge frische Truppen ziehen mit stillem Blick in den Schützengraben. Man sieht es ihnen an, dass sie ebend aus der Garnison kommen. Denn das ....des Schützengrabens fehlt ihnen noch und ohne Gruß ziehen die meisten gesenkten Blickes ihren Weg. Sie wissen sie sollen die Lücken ausfüllen und die sind scheinbar groß. Morgen schon werden sie mit anderen Minen uns begrüßen, denn dann werden sie schon den leichten Schauer überwunden haben. ......dem sie heute in den Schützengraben ziehen. Post erhalte ich nun fast alle Tage. Heut ist ein besonderer Festtag für mich. Meine früheren Schüler erfreuten mich mit einem Paket Dauerware und Schokolade. Sie haben ihren Lehrer nicht vergessen. Ich kann daraus nur sehen, das sie gerne an die Schulzeit unter meinem Zepter zurück denken und das ich nicht Erfolglos gearbeitet habe. Einen größeren und schöneren Lohn kann es führ einen Lehrer nicht geben. Ich bin gewiss sie ahnen auch in ihrer Kinderstube, das Große was unser Vaterland erlebt. Wie kann Deutschland besiegt werden mit solch einer Jugend? Die schönste Enttäuschung bringt mir immer mein Liebling. Ich glaube sie kann sich noch nicht darin finden das das Heil der Vaterlandliebe größer sein kann, als alles andere. Man merkt es in jeder Zeile. Sie unterdrückt mit Zwang die Furcht um den Geliebten. Erlebst du auch den Krieg? Ich glaub du fürchtest um deine Zukunft! Ich kann es aber nicht verdenken. Schön ist es wenn du deinen Geliebten behältst, aber noch viel schöner glaub ich, einen Helden geliebt zu haben. Wirst du es so tragen können? Die schlichten Kreuze am Wege, winken so verführerisch, es sind Heldennamen die sie tragen.

20IV15
Soldatenglück
Im Schützengraben sank der Tag
Tod wund an seiner Brust wehr lag
Ein junger Soldat
Rot sickert das Blut durch den Verband
Die Kameraden haben ihn kaum gekannt
Er war ja heut grad
Blutjung aus der Garnison gekommen
Sein Auge bricht trüb und verschwommen
Schaut er die Nacht.....
Leb wohl liebe Mutter dein Sohn rief!
So ebend hat ihm den ersten Brief
Die Feldpost gebracht. ....

Im Morgen stiegs herauf wie Mandelblühen
Ein Zittern ging durch das Birkengrün
Und als der Fink den Tag geschenkt
Da haben sie ihn in das Grab gesenkt
Das Brieflein gab man ihm in die Hand

Der Mutterliebe letzter Pfand.

23.IV15 Abends

Heute erreichte uns die erste Siegesmeldung, 1600 Gefangene 30 Geschütze ......erreichte uns eine neue Truppe.1800 Mann 15 Geschütze verläßt.....Unseren Unterstand haben wir herrlich mit schwarzer Erde geschmückt. Die schönsten Anlagen sind entstanden.

25.IV15

Heut war Ablösung der 2.Geschützbedienung.Ich war froh hier zu bleiben. Gleich am Nachmittag erlebten wir noch einen Waldbrand, den wir durch schlagen mit Spaten im Keim erstickten.

27IV15

Heut gab es ...tionsgelder. Außerdem herrschte heute verdammt dicke Luft. Die Franzosen be.....uns mit Spranggranaten.

29.IV15

Gestern war wieder ein Freudentag. Vier Lebenspakete erhielt ich auf einmal. Da war natürlich wieder Festtag und zum Abendbrot gab es einige Gänge.

2.5.15

Der Mai ist mit herrlichem Wetter eingegangen. Die Birken grünen in frischem Grün. Ein ....herrliche Buche neigt sich über unserem Unterstand und bildet so die beste Fliegerdeckung. Ein Frühlingsregen wird das Übrige tun. So das selbst die Buchen schon ihre Blätter zeigen. Nach den Nachrichten brachte uns der 1.Mai einen schönen Erfolg bei der Bagatelle. ......mehrere Schützengräben, Mienenwerfer und Maschinengewehre genommen worden. Die Luft ....wieder ....dicker werden. Denn ab und zu saust einmal ein Schrapnell zu uns herüber. Das lässt sich aber ertragen. So lange sie uns nicht zu Leibe gehen, solange bleiben es für uns französische Liebesgaben.

6.V15

Heute zum Geburtstag unseres Herrschers gelangte der große .....Sieg zur vollen Kenntnis.

1.6.15 gef.400 Geschütze

7.V15

Leider hat sich die Meldung nicht bewahrheitet, der Erfolg der Siege ist zwar groß aber doch nicht ganz so groß. Bei uns ist Augenblicklich vollkommene Ruhe, die Ruhe vor dem Sturm. Er wird täglich erwartet.

11V15

Die Tage voller Spannung sind vorüber. Es ist aber ruhig geblieben. Auf höheren Befehl ist nichts unternommen worden. Wahrscheinlich erwarten uns die Franzosen täglich. Denn sie sind augenblicklich sehr sparsam mit ihrer Munition. Oder ob sie sparen müssen? So langsam sickert eine lang ersehnte Nachricht hindurch. Wird Stettin neutral bleiben oder schließt es sich unseren Feinden an? Das ist die Frage die augenblicklich alle bewegt. Mehr als die Frage nach dem Frieden, die jetzt in aller Soldaten Mund war. Wir sind mehr gespannt darauf, dass sie unseren wartenden den Krieg erklären. Und deshalb verzagt noch keiner. .o. manch einer. Sie können die Schrecken des Krieges verlängern. Aber uns nie besiegen. Das ist alles Ansicht. .....heute ist Deutschland so klug, um zu wissen wie mächtig es ist. Deutschland du musst sein, dann widersprichst du der ganzen Welt. Die Zahl deiner Männer, deiner Krieger ist unermeßlich.

12.V.15

Gestern haben wir eine kleine Spritztour gemacht. Das heißt, ich habe einmal Montblarinrille besichtet um einzukaufen. Welch ein entgegengesetztes Bild bot sich meinen Augen. Als wir vor 6 Wochen hinauf in den Wald gegangen, da lag es vor uns zerschossen, verbrannt in einem Grau von Erde. Die kurze Zeit hat die Natur umgestaltet. Obwohl der Acker brach liegt, so sprießt doch überall üppig hervor was sich selbst gesät hat. In saftigen Grün prangen am Bach (Fluß Aine) die Wiesen. Selbst lebende Kühe sah ich auf diesen weiden. In dem lieblichen Tal liegt ein liebliches Schlösschen. Es hat wohl im vorigem sehr gelitten. Unsere Feldpioniere sind aber dabei, den Park wieder in Stand zu setzen. Ein Zaun aus Birkenholz, ein reizender......haben sie schon fertig gebracht. Und der Park ist wohl ebend so sauber wie vorher. Selbst einen Hühnerstall sehe ich dort, und sage und schreibe lief da nicht ein mittelgroßes Schwein herum? Es war gerade nichts Gutes ahnend entwischt aber die Grauen waren doch stärker. Sie zerrten es unter gequieke in den Stall. Ein Stück französischer Landschaft bot sich mir. So langsam komme ich doch auch zu der Erkenntnis, das Märchen von dem schönen Frankreich mit seiner Fruchtbarkeit als wirklich anzusehen.

13.V15
Am Abend sangen wir....und machten folgendes Gedicht
1)Mai Lufterl weht durch die Frühlingsnacht
durch Birkenbüsche geh....
und sanft schleicht still ein .....(still Franzose)
2)Wo wir Kanoniere vor Meze lagen
und rings die .....allen schlagen
Maikäfer fliegen durch die Luft
3)Querschläger schwirren durch die Reihen
Ein .....er ging zur Neige
Anbrach die Nacht
4)In ihre Mitte, ein......ich glaube sie haben noch nicht genug
von des Tanz es wiegender Maiglöckchenduft.
5)Von Ferne klang liegen Schützenmusik

sie waren gewohnt, zum Himmel stieg
.......der Rauch
6)So heimatlich war uns allen zu mute
nach der Heimat sehnte sich......Blut
liebst dachten wir auch.

gedichtet von vier Kanonieren Ka..mann, Rirzer, Küppers und Blümel

18.5.15
Man sollte manchmal gar nicht glauben, dass man im Kriege ist wenn einem die Leute nicht all zu viel zusetzen würden. Das ist scheußlich noch das Einzige was vom Krieg übrig bleibt. Den ganzen Tag wird oft kein Schuß abgegeben und ein Abendbrot hatten wir heute Bratkartoffeln mit Rührerei und Bier. Wer hätte geglaubt, dass es noch einmal im Feld so leben würde. Wenn das .....könnte allerdings auch beim Mannschaftsräumen das Fressen ist saumäßig. Bin nun von morgen ab Stellvertretender Befehls-empfänger. Weiß nicht ob mir die neue Würde behagen wird. Vielleicht ist es noch ein aussichtsreiches Pöstchen denn an der Kanone ist die Aussicht doch sehr gering weiter zu kommen.

Abschnittsbefehl 28.V15
5/34 und 6/34 stellen je einen......sprecher und je einen gewa......Mann als Fernsprecher zur Verfügung. Von Leutnant Ambritz -Meldung Heute Nachmittag 4Uhr in der Batterie Lietz.
Absatz Sergant Lomdin steht heute   ..Ambritz nicht in der nächsten Nacht zur Verfügung. Er hat der Besetzung der Beob-achtungsstellen Rechnung zu tragen. Leut. Ambritz hat für die weitere Ernennung einen Unteroffizier der Batterie Lietzmit dem Fußb.....Sichtgerät vertraut zu machen. gez.Sihoot(Major)

Vorlage der Abschrift der Abendanordnungen der Batterie.- Statt zum 21.5. 8.45Uhr vorm erst zum gleichen Tage 2.30Uhr machen. Da den Batterien morgen früh noch eine diesbezügliche Verfügung zugeht. gez Lehoof(Major)

20.V15
Geschütz ...ak 2Beob.1.Beob.Stelle zug. Stehen

22.V15
Heut kam der ......und.....ge.....auch.
Werdegang: Ein Maientag zog herauf, golden glühte im Osten der Sonnenball und versieht im feinsten Schein einen trüben Tag. So kam es denn auch, regenschwanger zogen die Wolken am Himmel und wenn die Sonnenstrahlen die Erde zu erweichen ungehindert konnte sie sich satt trinken. Still und fest wie ein Denkmal streckt eine Buche ihre Zweige in den Dunst hinein. Sie hat des Krieges ....verschont und wie ein Gott überragt sie all das junge Gesträuch ringsum. Du treue Buche, wie viele ge....prangst du wie neu geboren in deinem schmucken Frühlingskleid. Du bist mir sehr vertraut geworden. Erwachen es ist Maientag heute und recke die Zweige und ....uns unter dein grünes Dach. Ein leises Beben ging durch die Blätter. Wie lang die Buben da in meinen Wurzeln noch schlafen wollen? Hör ich sie raunen. He raus ihr Helden trinkt Maienluft. Doch alles bleibt still. Sie haben einen gesunden Schlaf. Da erschallt es in der Erde auf dem Stroh, und aus all dem Dunkel kraucht ein junger Krieger hervor. Er reibt sich den Schlaf aus den Augen und sieht schlaftrunken nach der Uhr. Schon 4Uhr vorbei nun schnell in die Stiefel, die Koppel um. Er hat wieder einmal bis auf die letzte Minute geschlafen. Mit leisem Tritt schleicht er hinaus ins Freie und begrüßt den jungen Tag. Die Buche winkt ihm den Morgengruß. Sie kennt ihn schon lange, er war noch immer der erste. Er verschwindet in den Offiziersunterstand um gleich darauf mit der Meldung wieder zu

erscheinen. Er ist der Meldegänger, schnell greift er seinen Eichenstock und schreitet lustig aus. Der Morgengang ist sein längster. Er muss zur Brigade ungefähr 3/4 Stunde weit in den Wald hinein. Jeder Stein jeder Strauch winken ihm als alte Bekannte zu. Quer drängt er sich durchs Dickicht und mit nassen Stiefeln erreicht er den Koppelweg, der den stolzen Manne .....straße führt. Von vielen Regen ist der Boden weich, und kommt in dem Schlamm nur schwer vorwärts. Er kennt einen besseren Weg als die gerade Straße und verschwindet seitwärts in den Büschen. Ein schmaler Fußpfad windet sich durch dichtes Gestrüpp. Hurtig schreitet er seinen Weg und merkt kaum das seine Kleider begierig die Nässe einsaugen. Die erste Höhe ist überstanden. Alle Tage dasselbe Spiel, doch hat der Gang noch nichts von seinen Reizen verloren. Er stutzt und betrachtet eingehend den Boden, der Weg ist aufgewühlt. 6 tiefe Löcher mit geringen Abstand von einander haben fürchterliche Granaten gerissen. Die waren gestern noch nicht. Ein Augenblick stockt ihm der Atem und die Gedanken. Er sieht in den Büschen, keine Spur von Blut, Gott sei Dank sie haben nur Luft getroffen. Doch in dem frischen Grün klafft ein gewaltiges Loch zerfetzter Sträucher. Mit bangem Herzklopfen ersteigt er die zweite Höhe. Hier ist der Übungsplatz der Infanterie. Alle Morgen stehen sie in Reihe und Glied und machen in der Kaserne ihren Dienst. Doch heute ist alles öde und leer. Kein Kommando, kein Schritt zu hören. Haben sie heut einen freien Tag oder haben die Granaten Schuld? Er schüttelt sich bei dem Gedanken daran, da gibt es aber kein halten, nur vorwärts. Schon winkt von weitem der leise Grund, weithin heben sich die Barrikaden ab, die die Unterstände schützen sollten. Das Rauschen des Baches rauscht zu ihm herauf, da zwitschern auch die Vögel wieder in den Bäumen. Da weitet sich die Brust und wird wieder frei und froh. Fast laufend legt er die Strecke zurück, die ihn hinab ins Tal führt. Angelehnt an den Berghang liegt ein Blockhaus, unter alten Buchen und Tannen verborgen. Ein Schild(Cabine telephonique) zeigt ihm das er sein Ziel erreicht hat. Er öffnet die Tür und tritt in einen engen Raum. Der Telephonist liegt noch auf seinem Lager. Still legt der Meldegänger seine Meldung nieder und tritt wieder ins Freie hinaus. in .... läd ihn zum ruhen ein. Sie beide sind schon bekannt geworden. Das schöne Tal ....springenden.......hat es ihm angetan. Hier muss er eine Viertelstunde sitzen und schauen. Mit dem Rückweg hat es ja nicht solche Eile. Und dann fehlt auch noch der Morgengruß, den die Franzosen täglich feuern. Hier hat er ihn noch gerade mal erreicht. Um dann den Weg zurück zu wandern. Er sieht die Uhr, eine volle Viertelstunde hat er nun schon gesessen und geträumt. Kein Schuss hat sich hören lassen. Er wartet weiter und weiter. Alles bleibt still. Und der Bach singt weiter sein heimatlich Lied. Nun ist es höchste Zeit geworden, er muss nun zurück zu seiner Batterie. Noch einmal stockt sein Atem ....Fuß er horcht auf, noch immer lässt sich kein Abschuß hören. Ein ... Schatten, dann schreitet er freudig aus. Schon hat er die Höhe erreicht und weiter geht es durch die Berge von weitem sieht er die ......,er sieht daran vorbei und geradeaus. Unwillkürlich beschleunigt er seine Schritte. Ihm ist nicht bange doch unheimlich zu mute. Stiller Wald. Froh leuchtet das Auge als er die Straße erreicht. Noch einen kurzen Weg durch die Büsche und die Batterie ist erreicht. Stumm blickt er noch einmal zur Buche hinauf. Sie blickt stumm und kein Ästchen vernimmt die Gedanken. Da ein Krachen und hundert......Der Morgengruß -da bebte der Baum- Hallo Kameraden- heraus aus dem Lager, schickt ihnen die Antwort.

28.5.15

Die Pfingsttage sind glücklich vorüber gegangen. Die erwarteten Ereignisse sind nicht eingetroffen. Das Fest ist ruhig verlaufen. Unser lieber Kamerad Berger hat eine Gewehrkugel in den Oberschenkel bekommen. Es ist ein Heimatschuß den er anscheinend gern mitnahm.

(am 32.6. geh. Zur Batterie zurückgekehrt)

3.6.15

Die Fliegerbombe   (14)

Die Sonne scheint schon so herrlich durch die Zweige und doch war es kühl am Morgen. Ein …….Nordost schüttelte die Bäume. Selbst unsere alte Buche war Machtlos und mußte sich vor ihm neigen. Die Sonne stieg höher und höher, brachte ihm zum Schweigen. Das gab das schönste Frühlingswetter und so surrte es bald durch den blauen Azur. Am rührigsten war natürlich der Franzmann. Er hatte uns wahrscheinlich eine besondere Neuigkeit zu überbringen. Im schnellen Fluge heuerte ein schlankes Flugzeug gerade auf unsere Stellung zu. Gleichmäßig zog der Propeller und der Stahlpanzer leuchtete in der Sonne wie ein heller Stern. Er flog zügig seine Bahn als handle es sich um eine besondere Sportleistung. Und doch hatte er böswillige Absichten.. Jetzt musste er etwas Besonderes entdeckt haben, denn er flog eine elegante Schleife. Da erschien in seiner Nähe eine weiße Wolke und bald darauf ein dunkler Knall. Er wurde beschossen. Daraufhin ein gewaltiges Rauschen, als würde die Schleuse eines Wasserfalls plötzlich geöffnet. Ein Blindgänger konnte das nicht sein. Denn dazu war das Geräusch zu stark. Ein Krach und die Splitter pfiffen durch die Äste und klatschten in den Boden. Nun wussten wir Bescheid. Das Luder hatte uns guten Morgen wünschen wollen. Nur wenige Schritte von unserer Stellung war sie krepiert. Die deutschen Soldaten schlafen aber ein wenig länger und so war die …noch vereinsamt. Die Badelustigen pflegten später zu kommen. Ich wartete nun auf die Nächste. Wahrscheinlich war ihm die Luft aber zu dick und er machte sich schleunigst aus dem Staube ohne uns noch weitere Liebesgaben zu senden. In einem langsamen Gleitflug flog er dem Flugplatz zu. Er hatte seine Aufgabe erfüllt und den Argonenwald beinahe frei gemacht.

Arg. Den 17.Juni 1915

Den Heldentod starb am 12.6. mein lieber Freund Leberich Kulicke. Musketier 64 Inf.Regimentan den Turngen.

Den Heldentod auf dem Felde der Ehre starb am 12.6. unser Turngenosse Leberich Kulicke Musketier im 64 Inf.Regiment. In Schmerz werden wir seiner stets als Held gedenken.

Männerturnverein Alt Friedland (Oberbarnim)

Dem Gefallenen eine Freude.

Als …..schwörst du´s uns in die Hand

Herz ‚Arm und Leben fürs Vaterland

Das Herz für die Heimat, die Liebe zugleich und den Arm für den Kaiser, fürs deutsche Reich. Das Leben für alle die Brüder im Feld, für Germaniens Freiheit in der Welt.

Wir kämpfen und sterben, trotz feindl. ----,doch wird auch unser Stolz –

Ein Kreuz von Holz.

Seinem lieben Freunde   Arg.den 20.6.15

Munitionsbestand 27.6.15

9 Gr.96   111. Gr. 14   3/8 14a

Dat.	Zeit	Ziel	SchZ	Gr.	Wirkung in Be…….
27.6.	3.09-37	VI	7	14a	
´´	1.15-44	VIIIb	7	14a	
´´	9.25-33	VI	14	14a	

	Gr.96	Gr.14	Gr.14a
Bestand 27.6.	9	111	38
´´ 28.6.	9	111	10

```
........ ...14a        29.5.  9    111    73
                      30.6....9   111
```

```
                           Bestand am 27.6.15
     9 Gr.   111Gr,14       38 Gr.14a
```

Datum Zeit	Ziel	SchZ	Q...	Wirkung
und Bemerkung				
27.6. 309-37	VI	7	14a	
´´ 4.15-49	VIIIb	7	14a	
´´ 5.25-55	VI	14	14a	
18.6. 3.26-30	VI	2	14	1.Ziel 1 blin-

der

1/98.Absch.III

......f.

............40

Datum ......Tabelle

Argonnien den 2.7.15 (1)

Seit dem 3.6.greift unsere Nachbardivision zu ....igen Stürmen die Franzosen an und hat sie zum großen Teil aus ihren Gräben verjagt....unter verhältnismäßig geringen Verlusten wurden gleich am ersten Tageherrliche Erfolge erzielt. Die amtlichen Zahlen sind 1700 Gefangene, 30 Mienenwerfer,9 Maschinengewehre und eine Revolverkanone. Da die Franzosen völlig überrascht wurden, wurden die Angriffe in geringen Zeitpausen weiter durchgeführt. Da die Franzosen Reserven ausstürmen lassen, und sich eine längere Schlacht entwickeln. An derartige Erfolge hätte jeder Leutnant gezweifelt. Es gilt allgemein als furchtbar schwierig und unter Einsatz von ..... Reserven möglich. Nun ist das alles ohne Reserven möglich gewesen. Ergebnis am 3.7. 2100 Mann,27M:M. 7.....19 Minenwerfer, eine Revolverkanone.

Argonnien den 11.7.15
Beim Munitionstransport fielen durch eine feindl. Sprenggra-
nate in ..... beide Kameraden. Zorn und ....Sie wurden neben
dem Bruder des Zorn, der schon im März in unserer Batterie fiel,
begraben.

Arg.13.7.15
Seit heute 4.30 morgens tobt nun die Schlacht. Jetzt ist etwas
Ruhe im Artilleriekampf eingetreten. Wache am Telefon. Punkt
4.30 setzte das Artilleriefeuer ein. Und zwar gleich mit lebhaften
Feuer, nach 9.00 Uhr folgte bis 12,30 Uhr Salve auf Salve. Ungeheuer muss die Wirkung der Artillerievorbereitung gewesen sein.
Aus dem Gefecht zurückgekehrte Verwundete erzählten dass
auch nicht ein Stückchen Erde ....geblieben war. Die Schützengräben waren zusammengeschossen. Trotzdem wehrten sich die
Franzosen tapfer beim Sturm unserer Infanterie. In den Gräben
waren sie allerdings Machtlos geworden. Auf freiem Kampfplatz
nutzten sie aber jeden Erdhaufen als Deckung aus und fielen
meist als Helden. Erst durch ein 18stündiges Artilleriefeuer und
durch die gefürchteten Handgranatenwerfer wurden Gefangene
gemacht. Nach Aussagen der Infanterie gelang der Sturm glän-
zend. Die Gefangenenzahl beträgt ungefähr 3688,18 Geschütze
wurden durch einen Zug Jäger erobert. Mussten aber, weil die
Jäger die die Stellung verloren hatten wieder aufgegeben werden und ohne gründlich ge..... zu sein. Die Höhe 285 blieb in unserer Hand, ebenso die Höhe von La Ville Morte. Bila....- Huber-
tushöhe. Bl.
In der Gegend von Bore...les 25.7.15
Bat. Stollen beim Geschütz II Zeit: Nachts 11.00Uhr
Ich liege auf meinem Stroh auf einem Stollen. Endlich komme
ich einmal dazu meine Eintragungen fortzusetzen. Der Tag reicht
nicht mehr dazu aus. Der ist ausgefüllt mit, bauen, Schießen,

Granaten schleppen und Meldegängen. Das bringt der Umzug in eine neue Batteriestellung mit sich.

Der Auszug

Schon Tage vorher verbreitete sich das Gerücht, das wir unsere alte Stellung verlassen sollten. Den alten Kriegern lief es kalt über den Rücken. Sie hatten sich wohl gefühlt in den wohnlichen und ziemlich sicheren Unterständen. Sie kannten die neue Arbeit, die ein Umzug mit sich bringt. Ein dunkles Geheimnis lag über dem neuen Ort, den wir beziehen sollten. Viel wurde geraten und das eine wussten alle sicher, es geht näher an den Feind, in weniger angenehme Stellung......das unser Krankenträger der den ganzen Tag nicht schwieg wußte es am besten, die ruhigen Zeiten waren vorüber. Es gilt zu opfern. Wir Jüngeren waren voll Begeisterung und wollten das Trübsalblasen nicht mitmachen. Wir freuten uns auf die Veränderung. Versprach doch die neue Stellung, Gelegenheit näher an den Feind
zu kommen und eine Lorbeere zu ernten. Wir dachten nicht an Opfer und an Blut. Da am 21.7. morgens kam der Befehl. Batterie marschbereit antreten. Zeitig wurden die .... Gepackt. Manches was das Kriegsleben angenehm gemacht hatte musste zurück bleiben, denn das Schleppen des Tornisters gehört nicht zu den Angenehmlichkeiten wenn er steif gepackt ist. Um 10.00Uhr ging es los. Marsch in Gruppenkolonne. Denn unsere Lieblinge mußten wir anderen überlassen. Wir sollten neue haben. Einen letzten Blick zu dem liebgewordenen Ort, an dem wir manchen lieben Kameraden ließen. Wie mag den alten Geschützführern das Herz geblutet haben. Fast ein Jahr hatte ihm seine Haubitze treu gedient. Und nun wollte sie ihm untreu werden. Doch schnell den Blick voraus. Fort geht es durch den von Regen aufgeweichten Wald. Zunächst auf altbekannten Wegen. Schwül

war die Luft und schon nach wenigen Minuten trat manchem der Schweiß auf die Stirn. Am alten Bahnhof ...., dem all beliebten und dem mit Grausen so oft betretenem Ort führt uns der Weg vorüber. Hierher hat uns vier Monate lang die Feldküche das Essen gebracht. Dort liegt auch düster wie der Himmel der kleine Heldenfriedhof. Der alte Birkenzaun hat nicht ausreichen wollen und man hat ein Stück ansetzen müssen. Er ist gewachsen in der kurzen Zeit. Hier ruhen sie vereint, Artilleristen, Infanteristen, Pioniere und Jäger neben dem jungen Feldwebelleutnant. Daneben ein frisches Massengrab französischer Kameraden die nach dem letzten Sturm auf dem Transport ihrer Wunden erlagen. Zwei unserer Lieben finden hier die Ruhestätte. Wer wird nun ihre Gräber pflegen? Da ist auch noch die blutige Stätte wo vor wenigen Wochen die feindl. Granate zwei junge Leben vernichtete. Wenn auch kein Häuflein aufgewühlter Erde den Ort verrät, wir kennen ihn. Was will der Tod von uns? Sind es nur die Toten die ihr recht fordern? Nur weiter! In unseren Herzen klingt es noch nach, was übern Tor des Friedhofs steht. Dein im Leben, dein im Sterben, Ruhmbekränztes Vaterland

Einschießen vor 124 am 6.8.15

8.8.15

Am 8.8. schickte mich der Hauptmann mit noch einem Kameraden(Lehrer Krikan) nach Flirille.3Tage Erholung sollten wir bekommen. Am 8.8. mittags setzten wir uns in Marsch. Das war zunächst keine Kleinigkeit, denn auf eine Tippelei von cirka 4 Stunden mußten wir uns gefasst machen. Zur Vorsicht hatten wir unsere Brocken der Feldküche mitgegeben. Die Sonne meinte es scheinbar gut, sehr gut. Zu zweit machten wir uns auf den Weg. Zwei Lehrer die sich freuten wieder einmal freie Luft zu atmen.1/2 Stunde hatten wir noch durch den Wald zu gehen. Rings um uns der Blutgetränkte Wald. Baumriesen die von Groß-

vaters Zeiten erzählen können und doch genügte oft eine Granate um ihnen die Krone zu rauben. Anklagend streben die Splitter
in den Himmel und vertrocknet versperren die Kronen den
Durchgang. Wildes Gestrüpp lagert überall geknickt durch das
Kleingewehrfeuer oder gemäht durch das Sägen der Maschinengewehre. Wir klettern darüber hinweg, denn der Stock hält viel
aus und wir haben beide verlernt auf Sontagsstaat zu achten.
Gerade merk ich es noch dass heute Sonntag ist. Sonst haben wir
es nur daran gemerkt, wenn der Franzose besonders unruhig
war. Heut scheint er eine Ausnahme machen zu wollen. Alles ist
so unheimlich still, oder ist es nur der Wald, der das Herz so
bang schlagen lässt? Es ist als wäre es Friedenszeit und wir beide
auf einer Wanderschaft durch deutsche Berge und deutschen Ei-
chenwald. In der Hand die Argonnen..... der uns auf Schritt und
Tritt begleitet und den Karabiner auf dem Rücken so ging es
munter weiter die Chaussee entlang, von der wir wussten, das
sie aus dem Wald führt. Die Franzosen wussten sehr gut dass die
Straße fast immer belebt ist. Wenn sie die Selbe auch hier noch
nicht beobachten können, so wissen sie sie doch sehr gut zu treffen. Davon reden uns die zahlreichen Granatlöcher auf der Straße. An der linken Seite der Straße erstreckt sich ein riesen Friedhof. Hierher bringen die Infanteristen ihre Kameraden, die im
Schützengraben und an den Schießscharten von der feindlichen
Kugel getroffen wurden. Hierher bringt der Freund den Feind um
wenigstens die Toten vor Granaten ein....ßen sicher zu wissen.
Nach einem großen Sturm ist es nicht möglich alle Gefallenen
hierher zu bringen. Da muss oft ein Granatenloch oder ein Schützengraben als Massengrab dienen. Die Kreuze verkünden dann
oft nur noch die Zahl der tapferen Helden. Manch einer muss
auch nur eingescharrt ruhen. Auf nächtlicher Patrolie traf ihn die
Kugel, da liegt er dann oft noch Tagelang, weil der Feind die Stelle dauernd mit seinem Feuer bestreut, bis ein Kamerad ihn unter

Lebensgefahr bei dunkler Nacht mit den Händen einscharrt oder auch nur mit Moos bedeckt. Oft schon hat eine Granate sie wieder hervor gewühlt. Hier nun an der Straße ruhen die Glücklichen. Jeder im Einzelgrab, jeder sein Kreuz mit Namen und Versen. Jedes Grab zeigt das Freundeshände noch von Zeit zu Zeit an der Arbeit sind. Selbst gärtnerischer Schmuck, der aus den verlassenen Dörfern stammt, hat Platz auf den Hügeln gefunden. Ein Friedhof in der Heimat ist nicht so herrlich wie dieser Waldfriedhof. Nun bricht ein breiter Streifen Sonne sich die Bahn durch das Dickicht, da hört der Wald auf. Wir treten ins Freie und weit schweift der Blick ins Land. Ich kann es nicht beschreiben, wie mir da zu Mute war. Ich hätte aufschreien können vor Wonne. So muss einem zu Mute sein der nach Jahrelanger Kriegshaft endlich seine Freiheit wieder erhält. Und doch waren es nur wenige Monate die ich im Wald zugebracht hatte. Sie wirken mir jetzt eine Ewigkeit. Eine große Tafel warnt uns vor dem Betreten der Chaussee, da der Franzmann sie einsehen kann. Wir müssen einen kleinen Umweg durchs Tal machen. Doch wir können uns nicht enthalten einen Blick hinaus zu schicken in das Kampfgelände, das hier frei vor uns liegt. Auf dem Bauch rutschen wir in den Chausseegraben und benutzen einen Apfelbaum als Deckung. Da breitet sich nun vor uns die weite Ebene aus. 4 Kilometer weit blicken wir ins Land hinein. Dann bleibt uns die Weite durch die Hügelreihe der Argonnen unsichtbar. Als ein glatt rasierter Schädel tritt seitlich der Berg Vanquais hervor, der Ort der furchtbarsten und blutigsten Argonnienkämpfe. Im Winter noch stand ein herrliches Dörflein auf seiner Spitze. Jetzt haben die Granaten auch nicht einen Stein auf dem anderen gelassen. Nur Schutthaufen geben davon Kenntnis und mitten hindurch ziehen unsere Gräben, die den französischen bis auf 10 m nahe liegen. Durchs Glas können wir nicht einmal unterscheiden, welches unsere vordersten Gräben sind und wo die französische

Stellung beginnt. Erst am Abhang trennen sich die Gräben wieder voneinander. Der französische Graben verläuft im Hang der Hügelreihe, während der unsrige einen Weg benutzend weiter ins Tal zurück tritt. Deutlich können wir eine Vorgetriebene, stark befestigte Stelle erkennen. Die frisch aufgebauten Sandsäcke heben sich deutlich von dem sonst noch grünen Land ab. Nun entfernen sich die Gäben immer mehr voneinander und sind in der Mitte des Tales 700m voneinander entfernt. Hier an dieser Stelle führt mitten ein halbzerschossenes Dorf der Gräben, während die feindlichen Gräben am Ausgang des Dorfes die Chaussee kreuzt. Mitten im Grün der Obstbäume liegen die Unsrigen versteckt die mit ihren grünen Wänden aus Lehm oder aus Sandstein traurig wirken. Dem Dorf fehlt wie allen französischen Dörfern in unserer Gegend das ……..deutschen Hochlanddorfes. Vielleicht haben in friedlichen Zeiten die Ziegelhäuser rot aus dem Grün den Wanderer gelockt. Jetzt ragen nur noch die Dachsparren in die Luft. Von der Kirche steht noch der Turm. Was nicht die Granaten zerstörten, hat unsere Infanterie abgebrochen um sich in den Kellern bombensicher einzudecken. Hinter einer Hecke tritt der Graben wieder ins freie. Mit 40m Abstand verschwinden die weißen Streifen im Wald. Das alles bleibt still wie zuvor. Kein Schuss, kein Hagel von Kugeln, das war Sonntagsfeier. Lange lagen wir so und wollten und nicht trennen von dem herrlichen Bild. Da merkt mein Nachbar dass wir die ganze Zeit auf einem vergrabenen Gaul gelegen haben. Er muss schon seit dem vergangenen Herbst hier liegen, sonst hätte uns unsere Nase vorher gewarnt. Doch an der tiefsten Stelle streckt er noch seinen Unterschenkelknochen mit dem Huf heraus. Jetzt erst merke ich den Fliegenschwarm der uns dauernd umsummt hat. Mich friert, ein Sprung und ich bin in der Schlucht die uns vor den Augen des Feindes verbirgt. Die Sonne strahlt uns warm an und unter den Wiesen fiebert die Luft. Weit ausschreitend erreichen wir das Dorf V. und sind im Tal der Aire.

19.8.15 Bl.
Heut nun ist ein ¾ Jahr meiner Dienstzeit vorüber. Hoffendlich bin ich über den Berg weg.

27.8.15
Eine Gewalttour nach Vanquois
Unteroffizier Götze wann waren sie zuletzt in Vanquois? Hallte die Stimme des Hauptmannes durch die Batteriestellung. Im Februar Herr Hauptmann. Sie gehen also heute nach Vanquois und sehen was sich da verändert hat! Wie unser Bombardement von gestern gewirkt hat. Und so schnurrte Herr Hauptmann eine ganze Menge von Aufgaben runter, so das dem Herrn Unteroffizier die Haare anfingen in die Höhe zu steigen. Das eine aber blieb, er musste walzen trotz seiner erstaunten Miene, denn es war immerhin eine Tagestour. Ein Mann von der K.-Bedienung geht mit. Oft schon hatte ich mit Wehmut diesen kahlen Hügel betrachtet, auf dem nun fast seit 10 Monaten Deutsche und Franzosen um die Kuppe ringen. Oft hatte ich durchs Fernrohr die Mauerreste des einstigen Dörfleins erkannt. Nun sollte ich durch die Gräben und Stollen wandern. Abmarsch um 9.00Uhr Vormittags. Tabak in der Rocktasche, ein Stück Schokolade und eine Feldflasche mit schwarzem Kaffee, das mußte bis zu Abend reichen. Nun blieb nur noch die Frage welchen Weg nehmen? Zwei Wege standen uns offen. Der Weg durch den Graben nach …. Und der Weg übers Feld in den Talsenken und an Büschen entlang zu dem zerschossenen Nest. Hierher mussten wir bestimmt, denn von hieraus begannen unsere Beobachtungen……,war es doch nicht ratsam aus der Deckung herauszuspazieren. Der erste Weg war der weniger gefährliche,

aber es gehört gerade nicht zu den Annehmlichkeiten Stunden lang sich die mannigfachen Windungen hindurch zu schlängeln. Wir wählten also den Weg über die Wiese. Leider kannten wir weder den Weg noch die besonders gefährlichen Stellen. Wir verließen uns also auf unsere Augen und viel Glück. Leider hatte uns schon oft ….Zunächst suchten wir uns also die bekannte Talsenke, die wir bald fanden. Wir waren vorläufig gedeckt und schritten durch das hohe Gras, das uns hier bis zu den Knien reichte und unsere Stiefel bald so spiegelblank rieben wie sie lange nicht gewesen waren. Ein munteres …. Begleitete uns bald. Und in dem Schatten der …büsche suchten wir Schutz vor den grellen Sonnenstrahlen die uns jedes genaue Beobachten unmöglich machten. Das Gras stand überall kerzengerade in die Höhe. Man merkte es ging selten ein Feldgranier diesen Weg. Nur ganz rechts am Bach mußten vor kurzer Zeit Menschen gegangen sein. Wir folgten diesen Fußspuren in der Hoffnung, dass es der sicherste Gang war. Und auch wohl mit der Absicht Kameraden zu treffen. Bis jetzt waren noch keine weiteren Zeichen dafür vorhanden, denn eine Unmenge Herbstzeitlose hielten ihre prachtvollen Blüten dem Wanderer direkt unter die Nase. Oder ließen die Blüten..... hängen wo sie dem grellen Sonnenlicht ausgesetzt waren? Noch keine Menschenhand hatte versucht sie zu pflücken. Auch zwei prachtvolle Apfelbäume ließen ihre Zweige unter der Last der Früchte fast bis ins Gras hängen. Wir blieben ungesehen, solange die Mulde nach oben führte. Als sie aber nun nach Südosten umbog, da sahen wir wenn wir uns streckten, die feindlichen Stellungen vor uns. Viel sehen konnten die Franzosen nicht, denn ein dichter Rußschleier lag noch vor ihren Stellungen. Trotzdem gingen wir in gebückter Haltung weiter. Vorsicht war immerhin geboten. Denn der Nebel könnte sich plötzlich zerteilen. Wir kommen ungehindert bis in eine Senke, die uns vorm Feinde wieder gänzlich verbarg. Hier trafen wir auch die ersten Feldgraniere, die dabei waren einen bombensicheren Stollen in die Erde zu treiben. Sie zeigten uns den Weg ins Dorf. Am Bach ging es weiter durch Obstgärten hindurch, wir kannten aus Erfahrung die Wirkung der prachtvollen Äpfel und ließen sie nicht ohne etwas Selbstüberwindung hängen. Am Brunnen wusch ein Infanterist seine Wäsche. Wir waren nur noch 30m vom Stellungsgraben der hinter den Häusern entlang führt entfernt hinter einer Hecke wollten wir zum Graben gehen…….das bekannte dreimalige zischen über unseren Köpfen – das nächste mal geht nicht wie zum Patrizier und durch eine Lückenhafte Hecke gedeckt,20 m ?hinter dem Graben her. Das war die erste kalte Dusche einer französischen Gewehrsbatterie. Durch Infanteristen die hinter den Mauerresten hausen, erfuhren wir nun den weiteren Weg. An der Brücke mußten wir noch einmal Dauerlauf machen. Die alte Brücke ist zum Teil zusammengeschossen. Im Schutze der Mauerreste ist eine Holzbrücke erbaut, die eine Förderbahn trägt. Die Franzosen bestreichen dieselbe mit einem Maschinengewehr. Gott sei Dank gehen alle Schüsse zu hoch, so dass sie nichts ausrichten. Die Granaten haben aber Lücken in die Hecken gerissen, das wir den Kopf noch mehr mal verstecken mussten. Im gegen…. Auf der Straße gewinnen wir endlich den Gang der durch die Häuser führt. Hier sind wir vollkommen gedeckt gegen das Auge des feindlichen Beobachters. Ein zischendes Geräusch verrät uns den Einschlag einer Granate und lässt uns einen Augenblick stutzen. Dann drängen wir weiter, sehen noch den aufgewühlten Kalkstaub. Wir setzen uns in Trab um aus der gefährlichen Zone heraus zukommen. Wir kommen in einen Keller und erhaschen endlich einen Graben, der uns an den Fluß führt. Ein Laufsteg führt ans andere Ufer. Wir halten ihn für harmlos und hoffen am anderen Ufer den Graben zu erreichen. Wir hatten kaum den Laufsteg überschritten als wir auch schon die Abschüsse einer Gewehrbatterie vernahmen, und die Kugeln am Laufsteg ins Wasser klatschten. Wir mußten also falsch gegangen sein. Ich drückte mich ins Gebüsch und überließ dem voran gegangenen Unteroffizier die weitere Erkundung des Weges. Er steckte auch den Kopf über die Böschung um festzustellen das von einem Graben keine Spur zu entdecken sei, sondern eine weitere Wiese vor uns lag. Was nun tun? Die einfachste Sache war zurück und die Infanteristen zu befragen die in den Kellern ihr Quartier hatten. Zunächst mußte Unteroffizier G. sich aber noch einmal von der Nichtigkeit seiner Beobachtungen überzeugen. Er hatte kaum die Böschung betreten als er schon eiligst zurück sprang und das bekannte Geräusch einer Granate uns erreicht, das wir entdeckt waren. Die Erde bebte, also war die Granate nicht weit von uns krepiert und die Splitter sausten über uns weg. Nun begann ein gewaltiges Schnellfeuer auf uns. So lange die Granaten noch vor uns platzten war unser Lager noch harmlos. Denn die Böschung deckte uns man meinen, so das die Splitter über uns weg gingen. Da krachte aber eine Granate nicht weit von uns in den Fluss. Ein gewaltiges Wasserstauben stieg auf und besprengte uns. Die Sache wurde nun kritisch als die Halunken das Feuer rückwärts verlegten. Die Sprengstücke spritzten ins Wasser und uns um die Ohren. Einen zweiten Schuß wollten wir doch nicht abwarten und ohne einen Augenblick zu überlegen ging es im Trab über den Laufsteg zurück. Hinter uns prasselten die Kugeln ins Wasser. Wir rasten durch die Häuser und erreichten einen einigermaßen sicheren Stollen der die Dorfstraße unterführt. Wir waren ihnen entwischt. Wahrscheinlich aus Ärger darüber bombardierten nun die Franzosen das Dorf, ohne Munition zu sparen. Bald darauf antwortete auch unser Flankengeschütz aus dem Wiesengrund heraus, was die Franzosen noch weiter herausforderte. Gefährdete Infanteristen flüchteten sich zu uns in den Stollen. Der ganze Erfolg der blödsinnigen Schießerei blieben einige eingestürzte Mauerreste. Durch eine Zigarette versuchten wir unsere aufgepeitschten Nerven zu beruhigen. Im Gespräch mit den Infanteristen erfuhren wir nun das wir falsch gegangen waren. Es war nämlich der Weg eines vorgeschobenen Horchposten, den Derselbe nur in Dunkelheit geht und vor Anbruch des Tages wieder zurückgeht. Jetzt erst vermisste ich meine Feldflasche, die mit schwarzem Kaffe gefüllt war. Irgendwo ruhte die Feldflasche, doch was sie mir nicht so viel wert um noch einmal meine Nase ins Feuer zu stecken. Nun beruhigte sich der Feind und ein Infanterist brachte uns zum Graben./4.IX.15

Die deutsche Artillerie

Ungehindert setzten wir unseren Weg fort und benutzten einen brusttief ausgehobenen Graben. Hinter einem Steilhang treffen wir auf die Reservestellung E.N.? Ein Offizier in Hemdsärmeln tritt uns entgegen, und an seiner Miene können wir erkennen, das er uns nicht gerade gerne sieht. Natürlich erkennt er sofort die Artilleristen. Wie unschuldige Lämmer stehen wir nun sprachlos dem Oberl. und Kompanieführer gegenüber, der uns nun auseinandersetzt das wir die Schuldigen sind die ihm das Feuer der Franzosen auf den Hals lockten und uns in Schweigen hüllen. Gerade muß auch das Geschütz wieder knallen. Wir müssen mit hängenden Flügeln die Predigt anhören und können ihn nicht überzeugen von unserer Unschuld. Er kann gegen unseren Grund nichts vorbringen, läßt uns aber doch mit ungläubigem Achselzucken stehen.

Im Graben nach V.

Nun ist es uns nicht mehr möglich außerhalb des Grabens weiter zu gehen, denn wir treten wieder ins feie Feld hinaus.

Sträucher decken uns nicht mehr gegen die Sicht des Feindes. Auch ist das Gelände soweit eben, das wir den Graben aufsuchen müssen. Wir haben ihn bald gefunden. Immer noch gehen wir durch eine Stellung die seit September vorigen Jahres sich noch keinen Zoll nach vorn oder rückwärts verschoben hat. Ein Angriff der Franzosen wäre hier Wahnsinn, denn ein Sturm über freies Feld von 200m tiefe, mußte auch bei einem Aufwand von ungeheuren Zahlen von Menschenleben in dem Feuer der Maschinengewehre zusammenbrechen. Die gleichen Voraussetzungen bieten sich uns und so ist auch von unserer Seite aus niemanden ein Vorwurf gemacht worden. Die Gräben sind hier sehr sauber gearbeitet aber weniger stark befestigt. Nur in weiten Abständen steht ein Posten der auf Anfragen meist nur mit den Achseln zuckt, denn er hat von dem Feuer noch nie etwas zu sehen bekommen. Die Infanteristen leben hier ziemlich sicher. Feuer erhalten sie selten. Sie haben sich nicht im geringsten Bombensicher eingedeckt. In weiten Abständen führt einmal ein Stollen in die Erde der als Zufluchtsort während eines Bombardements dienen soll, aber noch unbenutzt war. Die brauchten nicht einmal .... chte Schießscharten sind überall angelegt, sondern meist müssen einfache Schulterwehren genügen. Denn jede Beobachtungen sind daher hier gleich Null. Wir können fast den halben Körper über die Deckung strecken und sehen nur noch einen gelben Sandwall, der durch seine Gleichmäßigkeit nur verrät das dort der französische Graben verlaufen muß. Überall bleiben wir bei unseren Beobachtungen ungestört. Die Franzosen ließen sich scheinbar wie die unsrigen nicht sauer werden, sondern schießen in ihren Erdlöchern und die wenigen Posten hatten scheinbar auch etwas anderes zu tun, als ihre Flintenläufe gegen uns zu richten. So schreiten wir fast eine Stunde lang die Stellung ab. Die Infanteristen leben hier ganz zufrieden nur einmal beklagt sich einer bei mir über den Kasernenton, der sich überall dort breit macht wo das feindliche Feuer den Herren nicht direkt unter der Nase sitzt. An der Sonne merken wir nun das die Stellung seitwärts weiter geht. Es geht bergan, die Schießscharten sind ....iger ausgebaut und durch eine Stei....ge Sandsäcke geschützt. Hier ist eine bis dicht an feindwärts ringende scharfe Erde, unsere K. Stellung. Der Graben ist von hier ab dicht mit Infanterie besetzt. Wir bemerken bald, dass wir uns in einem natürlichen Grabenstück befinden. Ein tief einschneidender Hohlweg muß dazu dienen. Dem Feinde zu, ...

sind die Unterkunftsräume für die Mannschaft in die Natur getrieben. Die Hinterwand ist arg zerschossen. Hier haben die Granaten gehaust. In dem Schutt erkenne ich noch einige Mauerreste und als ich eine der hoch liegenden Schießscharten ersteige, befinde ich mich hinter einer Hecke und vor mir liegt ein weiter Obstgarten. Wir befinden uns also schon im Dorf. Immer tiefer schneidet sich der Graben in das Gestein ein. 3 - 4 m über sind Schießscharten, zu denen Treppen oder oft sogar nur eine Leiter führt. Wir kommen in ein Gewirr von Mauerresten und Sprengtrichtern. Den Nordrand haben wir besetzt und den Südrand die Franzosen. Drahtverhaue sind nirgends zu sehen, dazu liegen die Kampfplätze zu nahe aneinander. Die Gräben sind äußerst schmal und tief gehalten um so gegen Mienen und Artillerietreffer gesichert zu sein. Als Absteifungen sind oft die Grundmauern benutzt. Im Übrigen ist der Graben ausgemauert und vielfach auch abgedeckt zum Schutz gegen Handgranaten. Die Schießscharten ähneln kleinen Panzertürmen und können nur durch Volltreffer Schaden leiden. In einem solchen Mauerloch sitzt ein Infanterist und betrachtet dauernd seinen Gewehrspiegel der ihm das Gelände vor ihm und seines Gegners Schießscharte zeigt. Denn von Zeit zu Zeit fetzt eine Gewehrkugel eines Scharfschützen durch das Ausguckloch. Ich werfe einen Blick durch den Spiegel und erblicke in unmittelbarer Nähe, kaum

Mauseloch groß eine Öffnung der französischen Schießscharte. Jeder stark befestigte Fleck trägt die Bezeichnung Fort und dazu einen lieben Namen. Die eine Ecke trägt den schaurigen Namen Leichenkeller, die jetzigen Verteidiger kennen den Ursprung des Namens nicht und so vielleicht ist das Leichenhaus des einstigen Dorfes gewesen von denen nur noch Reste des Fundaments übrig sind. Vielleicht rührt auch der Name von dem großen Unglück der ...tage her, als bei einem Bombardement eine ganze Gruppe von Infanteristen unter den Mauern begraben wurde. Noch lange nachher grub man hier Leichen aus. Der ganze Berg ist von Salben durchzogen, so das sich die Mähr verbreitet hat, der Berg werde eines Tages in die Luft fliegen. Die Kirchmauer dient als natürlicher Schutzwall, denn sie erhebt sich von sämtlichen Überresten des Dorfes noch einen Meter über den Erdboden hinaus. Überreste von alten Maschinen reden davon, dass in dem einstigen Dorf selbst die Industrie Platz gefunden hatte. Viel gab es hier wahrscheinlich nicht mehr zu sehen, denn es war nicht ratsam den Kopf irgendwo auch nur schimmern zu lassen. Außerdem hatten sich so langsam unsere Beobachtungen gesättigt und wir beschlossen uns auf den Rückweg zu machen, ohne zu ahnen das der Selbe nicht weniger interessant werden würde als der Hinweg. Mit wenigen Schritten sind wir zu unserem größten Erstaunen aus dem Graben ins Freie gekommen und landen an einem Steilhang. Kahl und leeres Geröll starrt uns entgegen. Ein lebhaftes Treiben herrscht auf den Fußsteigen und doch sehen wir auf den ersten Blick das Granaten und Minen hier furchtbar wüten müssen. Augenblicklich ist alles ruhig, so ist es möglich, das sich die geplagten Infanteristen auch mal ein Weilchen sinnen können.

Abschnittsbefehl v. 27.7.

Zu 1. Der Brigadebefehle von heute.

Tabellen und Zeichnungen

Hier brechen die Eintagungen ab.

Fritz Blümel mit seiner Schulklasse

Fritz Blümel

Notizen

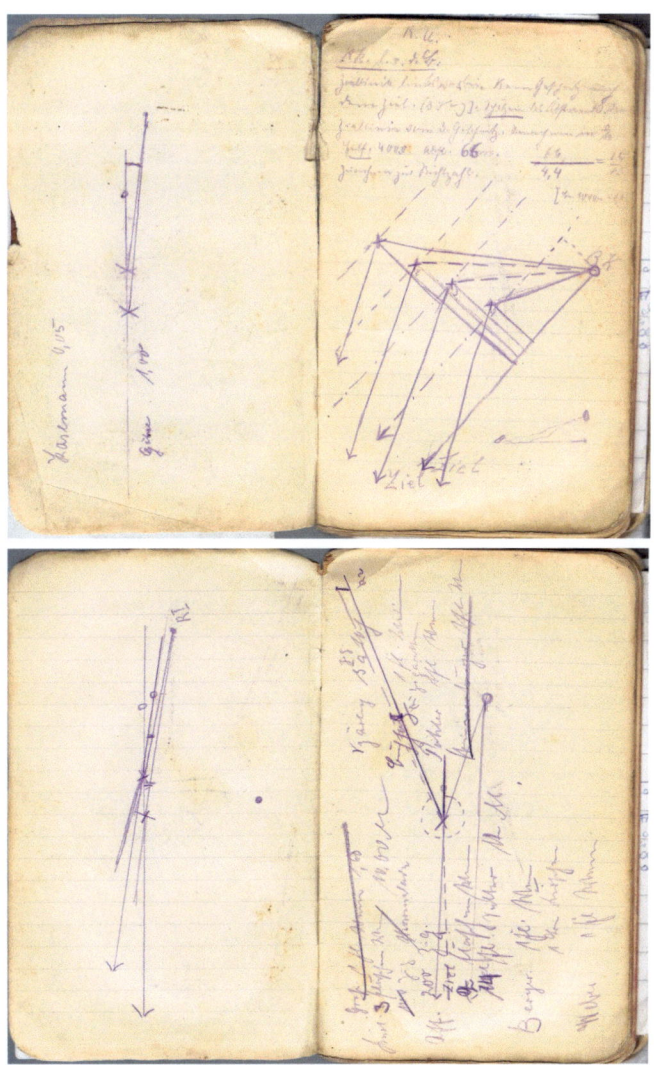

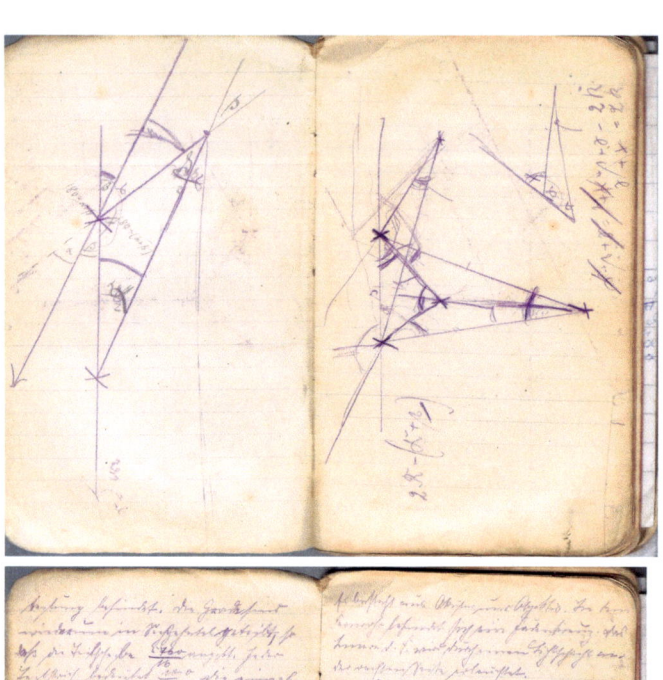

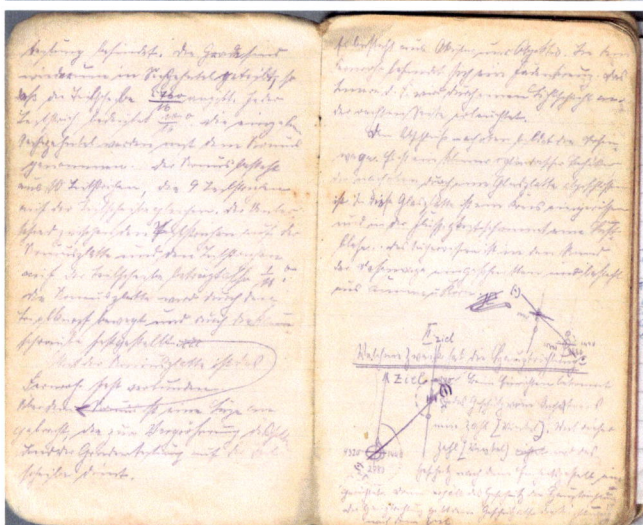

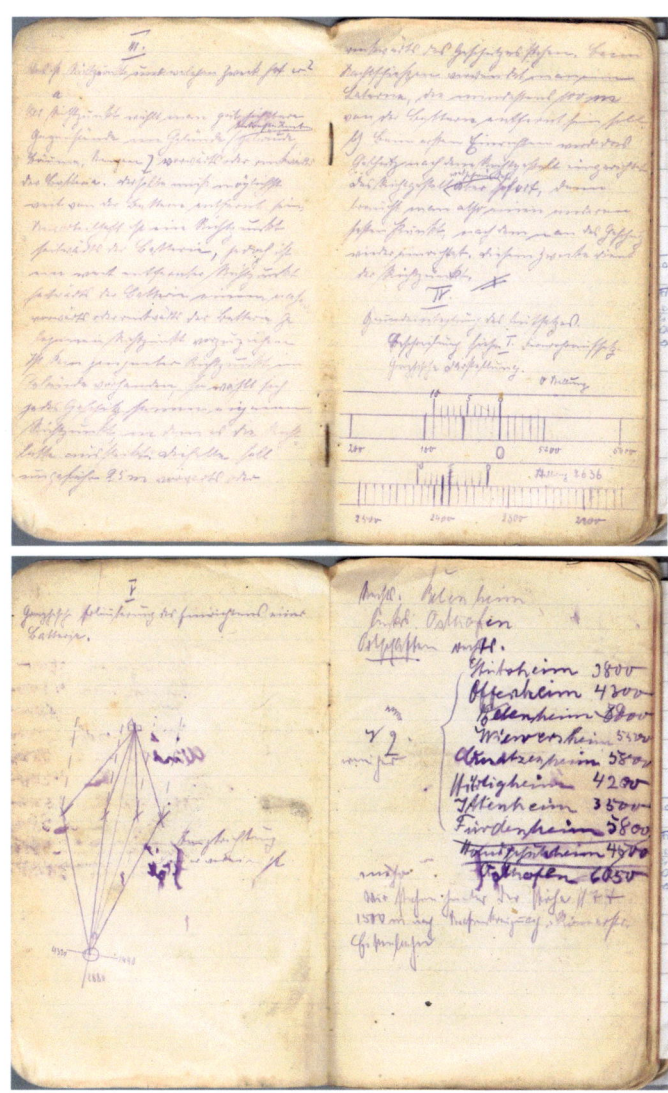

IV.

V.

Aufst. Blankheim
Hilfsz. Osthofen
Geschütze aufst.

Bitschheim 3800
Ofterheim 4300
Blankheim 5300
Wiererheim 5330
Arnatzenheim 5800
Hittigheim 4200
Itlenheim 3500
Fürdenheim 5800
...heim 4900
Osthofen 6050

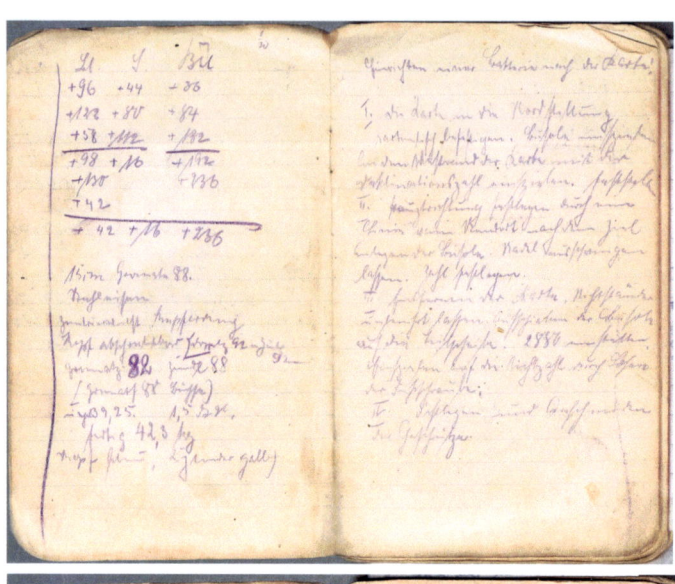

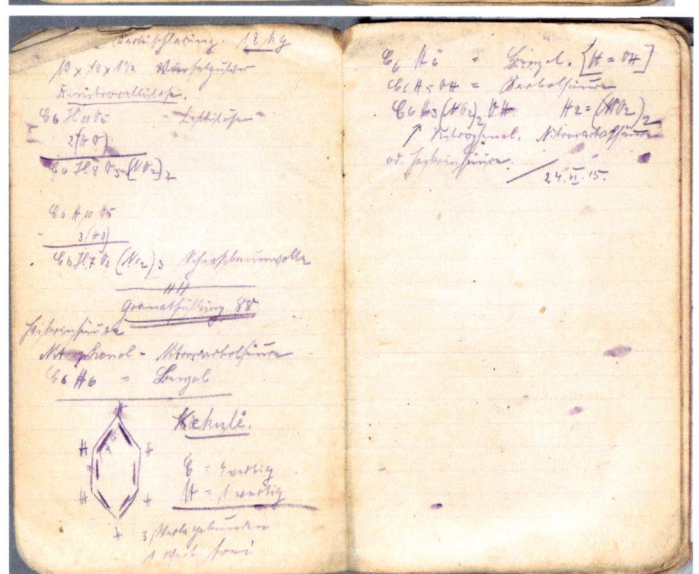

Im Tagebuch gesammelte Karten

Die Kämpfe um die Dardanellen.

Die Landung der vereinigten Engländer und Franzosen hat an vier Stellen an der Westküste der Halbinsel Gallipoli stattgefunden. Die eigentlichen türkischen Dardanellen-Befestigungen befinden sich auf der Ostseite an den Meerengen selbst. Durch eine Landung an der Westküste wollten die Feinde also in den Rücken dieser Werke kommen, um sie vom Lande aus zu zerstören, da es den Flotten bisher nicht gelungen war, sie von der See aus einzuschießen. Im Norden ist die Halbinsel Gallipoli durch die befestigten Linien von Bulair (nördlich der Stadt Gallipoli) abgeschlossen. Sie haben im letzten Balkankriege dem Angriffe der Bulgaren erfolgreich widerstanden.

61